AF313536

24 Novembre 1911

marqué P

VENTE

Du Vendredi 24 Novembre 1911

HOTEL DROUOT, SALLE Nº 1

A DEUX HEURES

MEUBLES ANCIENS

DES XVIIᵉ ET XVIIIᵉ SIÈCLES

ET DE STYLE

FAIENCES ET PORCELAINES

BRONZES, SCULPTURES

TAPISSERIES ANCIENNES

COMMISSAIRE-PRISEUR

Mᵉ F. LAIR-DUBREUIL

EXPERTS

MM. PAULME & B. LASQUIN Fils

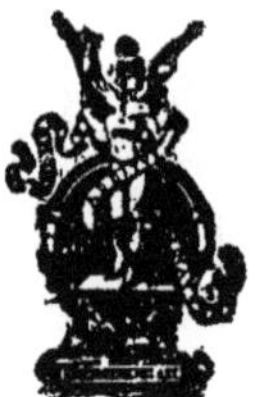

CATALOGUE

DES

Meubles et Sièges Anciens

DES XVIIᵉ ET XVIIIᵉ SIÈCLES

ET DE STYLE

FAIENCES ET PORCELAINES

BRONZES, PENDULES

SCULPTURES — OBJETS VARIÉS

Tapisseries Anciennes

TAPIS D'AUBUSSON ET D'ORIENT

DONT LA VENTE AUX ENCHÈRES PUBLIQUES AURA LIEU

HOTEL DROUOT, SALLE Nᵒ 1

LE VENDREDI 24 NOVEMBRE 1911

à deux heures

COMMISSAIRE-PRISEUR	EXPERTS
Mᵉ F. LAIR-DUBREUIL	MM. PAULME & B. LASQUIN Fils
6, rue Favart	10, r. Chauchat ǀ 11, r. Grange-Batelière

EXPOSITION PUBLIQUE

Le Jeudi 23 Novembre 1911, de 1 h. 1/2 à 6 heures

412

CONDITIONS DE LA VENTE

Elle sera faite *au comptant*.

Les adjudicataires paieront *dix pour cent* en sus des enchères.

L'exposition mettant le public à même de se rendre compte de l'état et de la nature des objets, aucune réclamation ne sera admise une fois l'adjudication prononcée.

Paris. — Imp. de l'Art, Ch. Berger, 41, rue de la Victoire

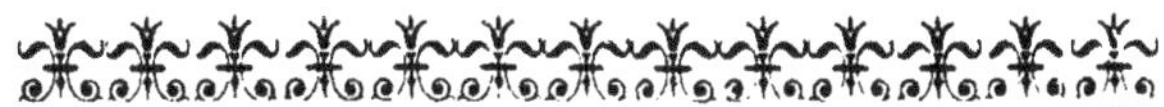

DÉSIGNATION

FAIENCES
ET PORCELAINES

1 — Trois plats, un pichet et un bac à fleurs en ancienne faïence.

2 — Deux jardinières porte-bouquets et deux encriers en faïence décorée.

605 3 — Plat en ancienne porcelaine de Chine, décor à personnages et ornements en polychrome.

4 — Paire de vases en ancienne porcelaine de Chine, décor bleu.

130 5 — Potiche en ancienne porcelaine de Chine, décorée en bleu de fleurs, d'objets d'ameublement et de lambrequins.

6 — Quatorze pièces : tasse, soucoupe, jardinières, porte-burettes, théières, etc., en faïence et porcelaine.

7 — Petit sucrier en faïence blanche décorée et pot en faïence italienne.

8 — Plat à barbe en ancienne faïence de Rouen.

9 — Cache-pot en ancienne faïence de Rouen, décor en bleu et rouille.

10 — Jardinière en ancienne faïence modèle Louis XV et bouteille en faïence de Delft, décor chinois.

11 — Sucrier en porcelaine du Japon. Bouteille et deux pots en porcelaine de Chine, décor bleu.

12 — Soupière et deux plats en faïence de Strasbourg.

13 — Quatorze pièces : assiettes et coupes en faïences décorées.

14 — Quatre compotiers en ancienne porcelaine de la Compagnie des Indes.

15 — Onze assiettes en porcelaine de Chine, décor bleu.

16 — Trois assiettes en porcelaine du Japon en bleu, rouge et or, et une assiette en même porcelaine, décor polychrome.

17 — Trois compotiers en porcelaine de Chine, décor bleu.

18 — Potiche couverte en ancienne porcelaine du Japon, décor polychrome.

SCULPTURES

OBJETS VARIÉS

19 — Coffret à bijoux, forme coiffeuse, en nacre gravée et bronze doré.

20 — Éventail Louis XV en ivoire, feuille à décor chinois.

21 — Miniature : Portrait de femme Louis XVI.

22 — Panneau en marbre noir, décoré en haut relief d'un bouquet de fleurs et d'oiseaux en ivoire et matière dure. Travail japonais.

23 — Cabriolet d'époque Louis XV.

24 — Deux statuettes en terre cuite : Jeunes femmes debout près d'une colonne, l'une tenant une colombe, l'autre un livre. Fin du xviiie siècle.

25 — Buste de femme, grandeur nature, en marbre blanc, d'après l'antique.

26 — Statuette de Diane, d'après Houdon, en marbre blanc.

BRONZES, PENDULES

27 — Deux jardinières, forme balustres, en tôle peinte et bronze doré, sur quatre pieds à griffes.

28 — Paire de cassolettes, forme trépieds, en bronze doré.

29 — Paire d'appliques Louis XIV à une lumière en bronze doré.

30 — Paire d'appliques à une lumière en bronze doré. Directoire.

31 — Paire de chenets Louis XVI en bronze.

32 — Paire de chenets en bronze poli, vase entre deux enfants nus. Style Louis XVI.

33 — Petite pendule en bronze ciselé doré, décorée en bas-relief, surmontée d'une colombe. Époque Empire.

34 — Petit cartel œil-de-bœuf en bronze ciselé, de l'époque Louis XVI.

35 — Paire de chenets à rocailles et figures d'enfants en bronze ciselé, doré. Époque Louis XV.

36 — Paire d'importants chenets en bronze ciselé, redoré, modèle à vases enguirlandés et amours. Époque Louis XVI.

37 — Surtout de table en trois parties en bronze
ciselé, doré à rinceaux feuillagés; dessus de
glace. Fin du xviiiᵉ siècle.

38 — Petit coffret à coiffer, avec miroir psyché en
marqueterie de cuivre et écaille, orné de bronzes.
Époque Louis XIV.

39 — Pendule religieuse en marqueterie de cuivre
et d'étain. Époque Louis XIV.

40 — Cartel d'applique en bois peint, décoré de
fleurs et d'attributs sur fond rose et orné de
bronzes dorés. Époque Louis XV.

MEUBLES ET SIÈGES

41 — Panneau en bois sculpté partiellement doré,
formant porte-chapeaux.

42 — Console-applique en bois sculpté doré, à
rocailles et feuillages, à deux pieds; dessus de
marbre. Époque Louis XV.

43 — Console-applique, de forme demi-lune, en bois
sculpté doré, à guirlandes de fleurs détachées;
dessus de marbre. Époque Louis XVI.

44 — Glace dans un cadre en bois sculpté redoré,
d'époque Louis XIV.

45 — Glace avec cadre en bois sculpté peint et doré
Époque Louis XV.

400

46 — Petite table à trois tiroirs en bois de rose et
palissandre, d'époque Louis XV, garnie de
bronzes.

47 — Petite commode de poupée en bois de rose
et palissandre, à dessus de marbre. Époque
Louis XV.

48 — Petite table à ouvrage oblongue et à croisillon
en acajou, le dessus ouvrant à charnière, ornée
d'une tapisserie au petit point. Commencement
du XIXᵉ siècle.

300

49 — Console demi-lune Louis XVI en bois laqué
blanc; dessus de marbre blanc.

400

50 — Bureau-bonheur du jour en bois de placage.
Style Louis XV.

405

51 — Table à coiffer en marqueterie de bois de couleur et bois de rose. Style Louis XVI.

1 600

52 — Meuble d'entre-deux à hauteur d'appui, formant secrétaire, en marqueterie de bois de couleur et bois de rose. Style Louis XVI.

53 — Table en bois sculpté à pieds tors, d'époque
Louis XIII; dessus en velours frappé vert.

54 — Petite meuble en bois sculpté, XVIIᵉ siècle;
dessus en tapisserie au point.

55 — Table à jeu Louis XV ; dessus en ancienne
tapisserie au point.

56 — Grand coffre en chêne, décoré de panneaux
sculptés d'époque Renaissance.

57 — Coffre en bois sculpté partiellement doré.
Époque Renaissance, travail italien.

58 — Horloge dans sa cage en noyer mouluré,
d'époque Louis XIV.

59 — Bahut à deux corps en chêne sculpté. xviiͤ
siècle.

60 — Petite console en bois sculpté ; dessus de
marbre. Époque Louis XVI.

61 — Bureau plat en acajou mouluré, à pieds can-
nelés, ouvrant à tiroirs ; dessus de basane,
galerie de cuivre. Époque Louis XVI.

62 — Commode en bois de placage, d'époque
Louis XVI, garnie de bronzes ; dessus en
marbre.

63 — Commode Louis XVI à trois tiroirs en marqueterie de bois de couleur et bois de placage,
ornements en bronze ciselé et doré ; dessus de
marbre blanc.

64 — Table-bouillotte Louis XVI en acajou, galerie
circulaire en cuivre ; dessus de marbre blanc.

65 — Console Louis XV bois sculpté doré ; dessus
de marbre de Sienne.

66 — Petite commode en marqueterie de bois de
couleur à fleurs, de forme contournée, ouvre à
trois tiroirs, porte l'estampille de : *Dubois M. E.*
Époque Louis XV. Elle est ornementée d'enca-
drements, chutes, sabots, etc. En bronze ciselé
et doré.

67 — Grande commode de forme contournée à trois
tiroirs, richement ornée de bronzes ; dessus de
marbre brèche. Époque Régence.

68 — Encoignure en marqueterie de bois de rose, à
deux portes et dessus de marbre. Époque
Louis XV.

69 — Guéridon rond en acajou, le dessus orné de
peintures : Paysages d'Italie avec ruines, dans des
médaillons ; galerie de cuivre ajourée. Époque
Empire.

70 — Table-bouillotte en acajou et filets de cuivre.
Époque Louis XVI.

71 — Petite table à ouvrage à trois tiroirs en marqueterie de bois de rose. Époque Louis XV.

72 — Petite table tric-trac en acajou et marqueterie
de bois de couleurs. Époque Louis XVI.

73 — Commode à trois rangs de tiroirs en marqueterie de bois de violette, ornée de bronzes et
filets de cuivre ; dessus de marbre de couleur.
Époque Régence.

74 — Petite commode, de forme contournée, en
marqueterie de bois de violette et baguettes de
cuivre, ornée de bronze doré ; dessus de marbre.
Époque Louis XV.

75 — Vitrine en acajou, ornée de filets de cuivre, à
deux portes vitrées et dessus de marbre gris.
Époque Louis XVI.

76 — Grand lit, avec dais supporté par des co-
lonnes, en bois richement sculpté peint gris ; il
est garni de soie rouge brochée blanche à corbeille de fleurs. En partie de l'époque Louis XVI.

77 — Commode, de forme demi-lune, ouvrant à
deux tiroirs et deux portes latérales, en marqueterie de bois de couleurs, à trophées, vases
et ustensiles. ; garniture de bronzes et dessus
de marbre. Époque Louis XVI.

78 — Vitrine à hauteur d'appui, ouvrant à deux
portes, en bois de violette, ornée de bronzes.
Époque Régence.

79 — Commode à deux tiroirs, en marqueterie de
bois de couleur à fleurs ; dessus de marbre.
Époque Louis XVI.

80 — Paire de meubles-encoignures en marqueterie
de bois de couleur : vase sous une draperie ;
dessus de marbre. Époque Louis XVI.

81 — Petit secrétaire à abattant et deux portes en
marqueterie de bois de couleur, à trophées sur
l'abattant et gerbes de fleurs sur les trois faces ;
dessus de marbre. Époque Louis XVI.

82 — Bureau Tronchin en acajou et incrustations
de bordure à grecques en cuivre. Époque
Louis XVI.

83 — Secrétaire étroit à abattant, tiroir et deux
portes, en marqueterie de bois de couleur,
décoré, sur les trois faces, de trophées, vases
et gerbes de fleurs ; dessus de marbre. Époque
Louis XVI.

84 — Chaise à porteurs Louis XV en bois sculpté
et doré, décorée au vernis.

85 — Petite banquette Louis XV en bois blanc
sculpté doré, couverte en soie bleue rayée à
fleurettes.

86 — Petite banquette Louis XVI en bois sculpté
doré, garnie de soierie à fleurettes, fond bleu.

87 — Canapé Louis XVI en noyer sculpté, garni de
soierie brochée à fleurettes.

88 — Fauteuil en bois sculpté, d'époque Louis XIII,
garniture et accotoirs en peluche rouge.

89 — Fauteuil en noyer sculpté, d'époque Louis XIII, garni de peluche rouge.

90 — Fauteuil, d'époque Louis XIII, garni en ancienne tapisserie au point.

91 — Petit canapé en bois sculpté, canné. Époque Louis XVI.

92 — Fauteuil à coiffer en bois sculpté naturel. Époque Louis XV.

93 — Fauteuil à dossier-médaillon en bois sculpté naturel. Époque Louis XVI.

94 — Fauteuil en bois mouluré et sculpté, à dossier-médaillon. Époque Louis XVI.

95 — Dix chaises en bois sculpté, dossiers à traverses ajourées. Époque Louis XIII.

96 — Deux fauteuils Louis XV et Louis XVI en bois mouluré, dont un recouvert en tapisserie au point.

97 — Grande bergère en bois sculpté ciré, garnie de soie ancienne à rayures et bouquets de fleurs. Époque Louis XV.

98 — Bergère en bois sculpté doré, garnie de soie blanche ancienne à bouquets de fleurs. Porte l'estampille de *Breton*. Époque Louis XVI.

99 — Paire de petits fauteuils Louis XV, italiens, en bois sculpté peint et doré.

100 — Paire de chaises hollandaises en bois sculpté
ciré, de l'époque Louis XV, garnies de velours
vert.

101 — Fauteuil en acajou, orné de bronzes dorés,
garni de soie lamée d'or. Époque Empire.

102 — Fauteuil en acajou, garni de velours. Travail
anglais du commencement du XIXᵉ siècle.

103 — Deux fauteuils en bois sculpté doré, garnis
de soie. Époque Louis XV.

104 — Trois fauteuils en bois sculpté ciré et cannés,
avec coussins de damas rouge. Époque Louis XV.

105 — Chaise en bois sculpté ciré et cannée. Époque
Louis XV.

106 — Lit de repos Louis XIV en bois sculpté doré,
garni de brocart fond vert.

TAPISSERIES ANCIENNES

TAPIS D'AUBUSSON

107 — Deux portières de Karamanie.

108 — Trois dessus de sièges en ancienne tapisserie au point.

109 — Deux portières, de style oriental, à dessins
stylisés sur fond rouge, bordures fond blanc.

Haut., 2 m. 95 cent.; larg., 1 m. 24 cent.

110 — Tapis rectangulaire d'Aubusson, à rosace
centrale, fond blanc, sur contrefond rouge à
rinceaux et fleurs.

Haut., 2 m. 55 cent.; larg., 2 mètres.

111 — Grande carpette orientale, à décor polychrome.

112 — Deux morceaux fragments en ancienne tapisserie.

113 — Fragment de bordure en largeur en ancienne
tapisserie des Flandres du XVI⁰ siècle, représentant des personnages, vases, fleurs et guirlandes de fruits et feuillages.

Haut., 47 cent.; larg., 2 m. 05 cent.

111 — Fragment en ancienne tapisserie d'Aubusson
du xviiie siècle : paysage avec ruines, cours
d'eau et petits personnages.

Haut., 2 m. 10 cent.; larg., 1 m. 55 cent.

115 — Fragment rectangulaire en ancienne tapisserie d'Aubusson : verdure, avec habitations,
cours d'eau et héron. Bordure dans le bas.
xviiie siècle.

Haut., 1 m. 75 cent.; larg., 1 m. 45 cent.

116 — Deux fragments, de dimensions variées,
d'une tapisserie des Flandres du xviie siècle,
représentant un sujet mythologique, à personnages.

Haut., 1 m. 70 cent.; larg., 1 m. 70 cent.
Haut., 1 m. 65 cent.; larg., 80 cent.

117 — Fragment d'ancienne tapisserie flamande du
xvie siècle : grand personnage dans un paysage.

Haut., 2 mètres; larg., 1 m. 30 cent.

118 — Fragment de tapisserie des Flandres du xvie
siècle, représentant le baptême de Clovis.

Haut., 2 m. 25 cent.; larg., 1 m. 40 cent.

119 — Portière en ancienne tapisserie flamande :
verdure, avec chasseur. Fragment de bordure
haut et bas. Époque Louis XIV.

Haut., 2 m. 50 cent.; larg., 1 mètre.

120 — Petite tapisserie rectangulaire d'Aubusson :
paysage avec jeune fille portant, sur sa tête, une
corbeille de fleurs et fruits. Bordure d'encadrement, simulant un cadre, à enroulement de festons de fleurs sur baguette. Fleurons aux an-
gles. Marque M. R. D. xviiie siècle.

Haut., 2 m. 40 cent.; larg , 1 m. 25 cent.

121 — Tapisserie rectangulaire, verdure d'Aubusson : paysages avec cours d'eau et deux oiseaux. Bordure d'encadrement simulant un
cadre. xviiie siècle.

Haut., 2 mètres ; larg., 2 m. 40 cent.

122 — Tapisserie rectangulaire d'Aubusson : verdure, paysage avec oiseaux. Encadrement de
bordures, guirlandes de fleurs, chutes et cartouches sur fond noir. xviiie siècle.

Haut., 2 m. 70 cent.; larg., 1 m. 35 cent.

123 — Tapisserie rectangulaire d'Aubusson : verdure avec perroquet. Bordure d'encadrement,
festons de fleurs et fruits sur fond noir. xviiie
siècle. (Faite de morceaux.)

Haut., 2 m. 55 cent.; larg., 1 m. 37 cent.

124 — Tapisserie rectangulaire, époque Louis XVI,
représentant un épisode historique, composition
à grands personnages, guerriers dans un camp.
Bordure d'encadrement à rinceaux de feuillages
et cartouches dans les milieux.

Haut., 3 m. 05 cent.; larg., 3 mètres.

125-126 — Deux tapisseries rectangulaires des Flandres du xvıᵉ siècle; composition à grands personnages et oiseau, sujets mythologiques. Encadrement de larges bordures, à rinceaux, cartouches, figures et animaux.

Haut., 3 m. 50 cent.; larg., 3 m. 10 cent.
Haut., 3 m. 50 cent.; larg., 5 m. 35 cent.

127 — Panneau en ancienne tapisserie-verdure. Bordure à fleurs et feuillages.

128 — Panneau en ancienne tapisserie-verdure. Bordure à fleurs dans le haut et dans le bas.

129 — Tapisserie d'Aubusson du xvııᵉ siècle : paysage, volatiles et vues de châteaux. Bordure en couleur à fleurs et ornements.

130 — Tapisserie-verdure avec oiseaux et vue de château. Bordure à ornements et rinceaux. xvııᵉ siècle.

131 — Objets omis.